Impressum
Verlag: BABADADA GmbH, Nedderfeld 112 , 22529 Hamburg
Geschäftsführer / Verlagsleitung: Harald Hof
Druck: Books on Demand GmbH, In de Tarpen 42, 22848 Norderstedt

Imprint
Publisher: BABADADA GmbH, Nedderfeld 112 , 22529 Hamburg, Germany
Managing Director / Publishing direction: Harald Hof
Print: Books on Demand GmbH, In de Tarpen 42, 22848 Norderstedt, Germany

škola

училище

dělit
деление

186/2

tabule
черна дъска

třída
класна стая

školní hřiště
училищен двор

učitel
учител

papír
хартия

pero
химикал

psací stůl
бюро

pravítko
линеал

kniha
книга

psát
пиша

žák
ученик

aktovka

ученическа раница

penál

ученически несесер

tužka

молив

ořezávátko

острилка за моливи

guma

гума

blok na kreslení

блок за рисуване

výkres

рисунка

štětec

четка

malířské potřeby

акварелни бои

nůžky

ножица

lepidlo

лепило

cvičebnice

тетрадка за упражнения

domácí úkol

домашна работа

počet

число

sčítat

събиране

odčítat

изваждане

násobit

умножение

počítat

смятане

písmeno

буква

abeceda

азбука

slovo

дума

text

текст

číst

чета

křída

тебешир

hodina

час

třídní kniha

дневник на класа

zkouška

изпит

vysvědčení

свидетелство

školní uniforma

ученическа униформа

vzdělání

образование

encyklopedie

справочник

univerzita

университет

mikroskop

микроскоп

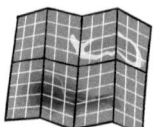

karta

карта

odpadkový koš na papír

кошче за хартиени
отпадъци

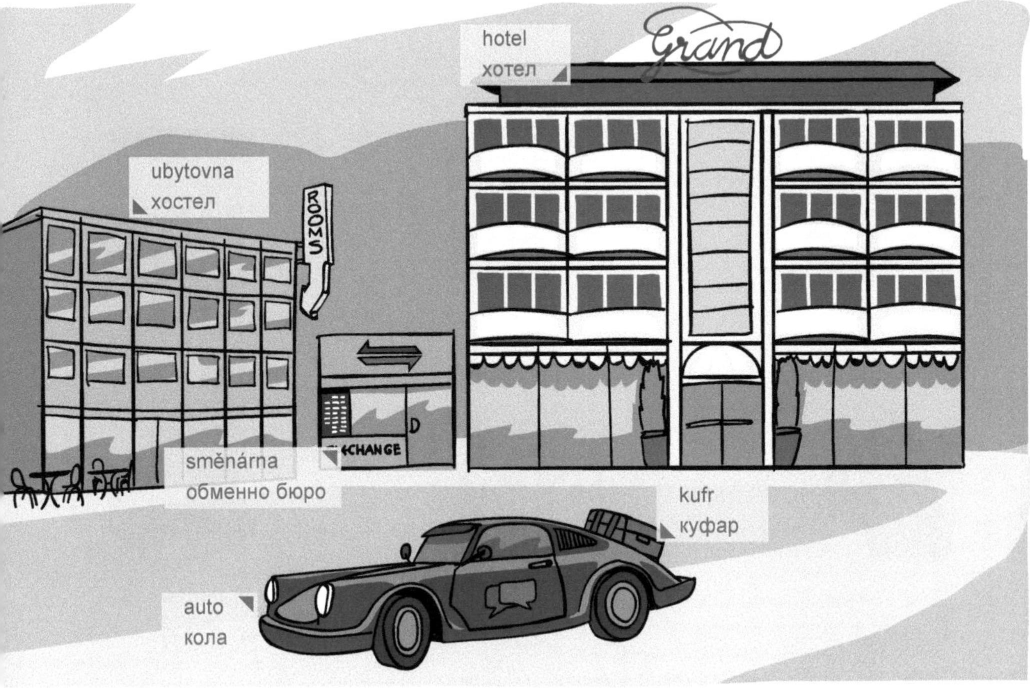

hotel
хотел

ubytovna
хостел

směnárna
обменно бюро

kufr
куфар

auto
кола

jazyk

език

ano / ne

да / не

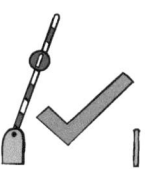

oukej

Окей

Ahoj!

здравей

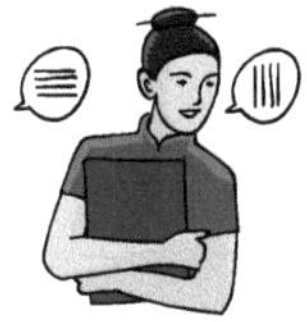

překladatel

преводач

děkuji

Благодаря

Kolik stojí...?

Колко струва...?

nerozumím

Не разбирам

problém

проблем

Dobrý večer!

Добър вечер!

Dobré ráno!

Добро утро!

Dobrou noc!

Лека нощ!

na shledanou

довиждане

směr

посока

zavazadlo

багаж

taška

пътна чанта

batoh

раница

host

посетител

pokoj

стая

spací pytel

спален чувал

stan

палатка

turistické informace

туристическа информация

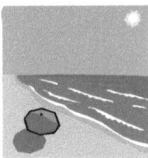

pláž

плаж

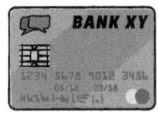

kreditní karta

кредитна карта

snídaně

закуска

oběd

обед

večeře

вечеря

jízdenka

билет

výtah

асансьор

poštovní známka

пощенска марка

hranice

граница

clo

митница

poselství

посолство

vízum

виза

pas

паспорт

transport
транспорт

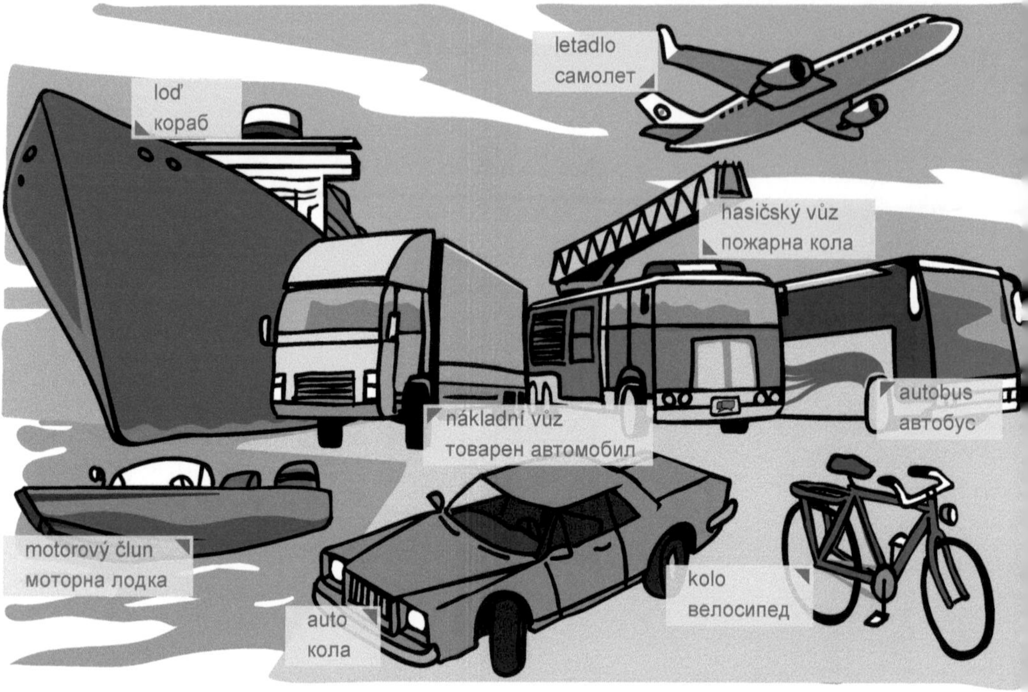
letadlo
самолет
loď
кораб
hasičský vůz
пожарна кола
autobus
автобус
nákladní vůz
товарен автомобил
motorový člun
моторна лодка
kolo
велосипед
auto
кола

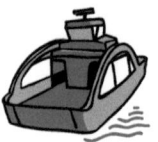

přívoz
....
ферибот

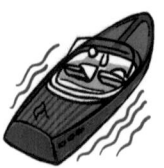

člun
....
лодка

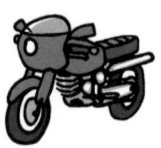

motorka
....
мотоциклет

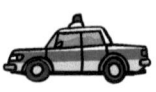

policejní auto
....
полицейска кола

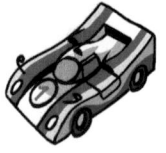

závodní auto
....
състезателна кола

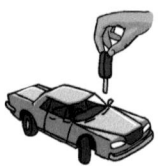

pronajaté auto
....
кола под наем

sdílení aut	odtahová služba	popelářský vůz
каршеринг	автомобил от "Пътна помощ"	сметовоз

motor	palivo	čerpací stanice
двигател	бензин	бензиностанция
	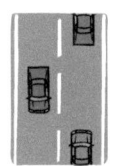	
dopravní značka	doprava	dopravní zácpa
пътен знак	улично движение	задръстване
	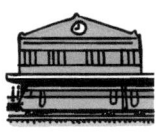	
parkoviště	vlakové nádraží	koleje
паркинг	гара	релси
	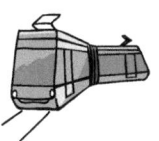	
vlak	tramvaj	vagón
влак	трамвай	вагон

helikoptéra

хеликоптер

letiště

аерогара

věž

кула

pasažér

пасажер

kontejner

контейнер

kartón

кашон

trakař

ръчна количка

koš

кошница

vzlétnout / přistát

излитам / приземявам се

město

град

vesnice

село

střed města

градски център

dům

къща

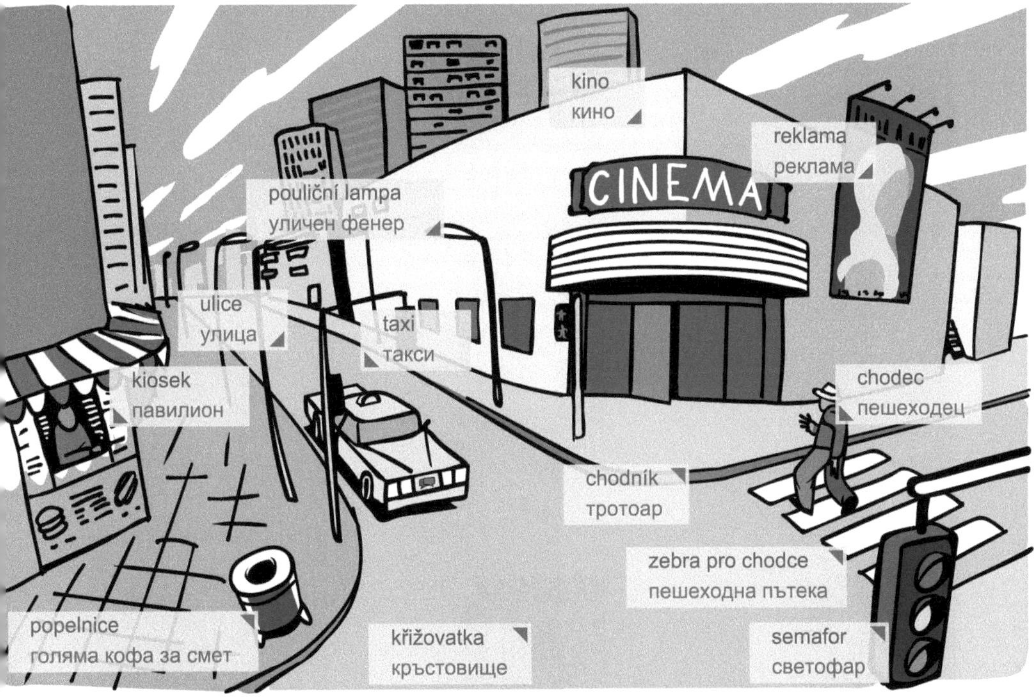

kino
кино

reklama
реклама

pouliční lampa
уличен фенер

CINEMA

ulice
улица

taxi
такси

chodec
пешеходец

kiosek
павилион

chodník
тротоар

zebra pro chodce
пешеходна пътека

popelnice
голяма кофа за смет

křižovatka
кръстовище

semafor
светофар

chata

хижа

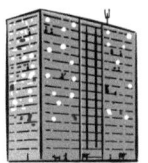

byt

жилище

vlakové nádraží

гара

radnice

кметство

muzeum

музей

škola

училище

město - град

univerzita

университет

banka

банка

nemocnice

болница

hotel

хотел

lékárna

аптека

kancelář

офис

knihkupectví

книжарница

obchod

магазин за цветя

květinářství

магазин за цветя

supermarket

супермаркет

tržnice

пазар

obchodní dům

универсален магазин

rybárna

търговец на риба

nákupní centrum

търговски център

přístav

пристанище

park

парк

lavička

пейка

most

мост

schody

стълба

metro

метро

tunel

тунел

autobusová zastávka

автобусна спирка

bar

бар

restaurace

ресторант

poštovní schránka

пощенска кутия

pouliční tabule

улична табелка

parkovací hodiny

часовник за паркинг престой

zoo

зоологическа градина

plovárna

плувен басейн

mešita

джамия

usedlost

селски двор

znečišťování životního prostředí

замърсяване на околната среда

hřbitov

гробище

církev

църква

hřiště

детска площадка

chrám

храм

krajina
пейзаж

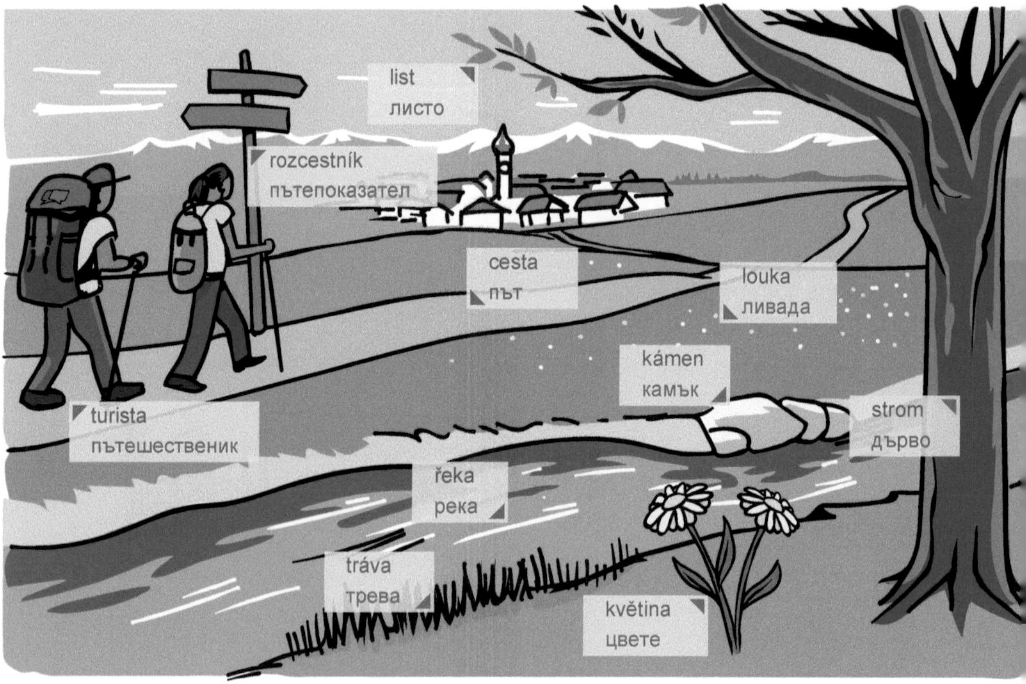

list
листо

rozcestník
пътепоказател

cesta
път

louka
ливада

kámen
камък

strom
дърво

turista
пътешественик

řeka
река

tráva
трева

květina
цвете

údolí
долина

hora
планина

jezero
море

les
гора

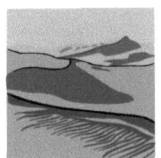

poušť
пустиня

sopka
вулкан

zámek
замък

duha
дъга

houba
гъба

palma
палма

komár
комар

moucha
муха

mravenec
мравка

včela
пчела

pavouk
паяк

brouk

бръмбар

žába

жаба

veverka

катеричка

ježek

таралеж

zajíc

заек

sova

кукумявка

pták

птица

labuť

лебед

divoké prase

диво прасе

jelen

елен

los

лос

přehrada

бент

větrné kolo

вятърна турбина

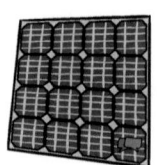

solární panel

соларен модул

podnebí

климат

restaurace
ресторант

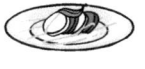

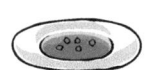

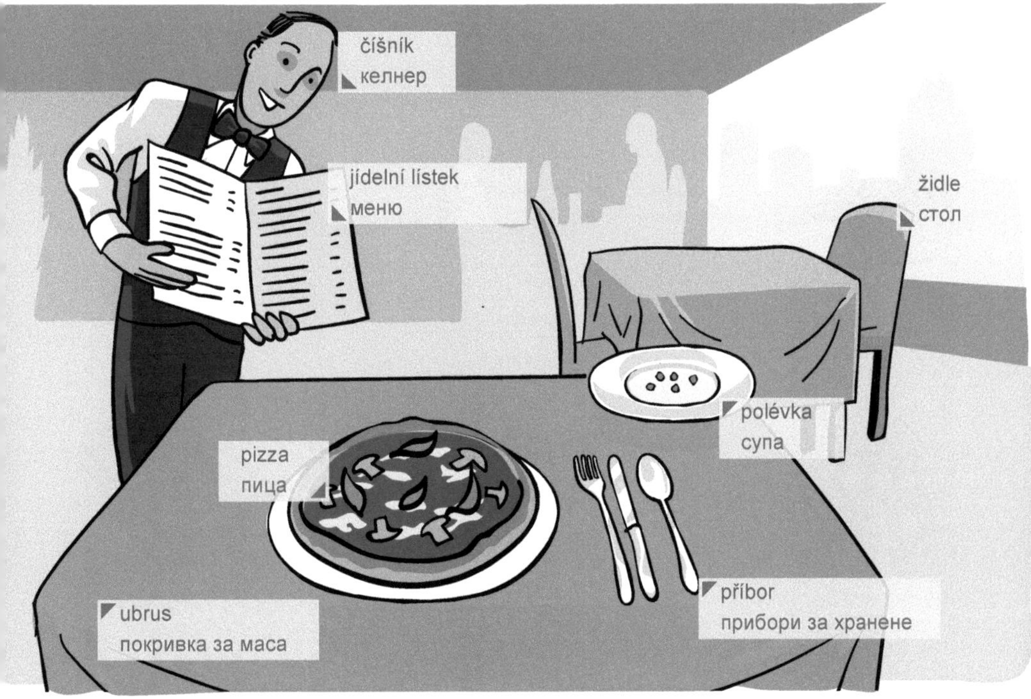
číšník
келнер
jídelní lístek
меню
židle
стол
polévka
супа
pizza
пица
příbor
прибори за хранене
ubrus
покривка за маса

předkrm

предястие

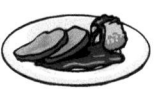

hlavní chod

основно ястие

dezert

десерт

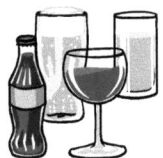

nápoje

напитки

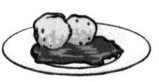

jídlo

ядене

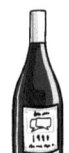

láhev

бутилка

rychlé občerstvení

бързо хранене

pouliční občerstvení

улична храна

čajová konvice

кана за чай

cukřenka

кутия за захар

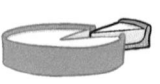

porce

порция

kávovar na espresso

еспресо машина

dětská stolička

висок детски стол

faktura

сметка

tác

табла

nůž

ножица за нокти

vidlička

вилица

lžíce

лъжица

čajová lyžička

чаена лъжичка

ubrousek

салфетка

sklenička

стъклена чаша

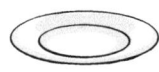

talíř

чиния

talíř na polévku

чиния за супа

podšálek

чинийка

omáčka

сос

slánka

солница

mlýnek na pepř

мелничка за черен пипер

ocet

оцет

olej

олио

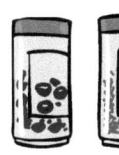

koření

подправки

kečup

кетчуп

hořčice

горчица

majonéza

майонеза

supermarket
супермаркет

nabídka
оферта
FOR
zákazník
клиент
mléčné výrobky
млечни продукти
ovoce
плодове
nákupní vozík
количка за покупки

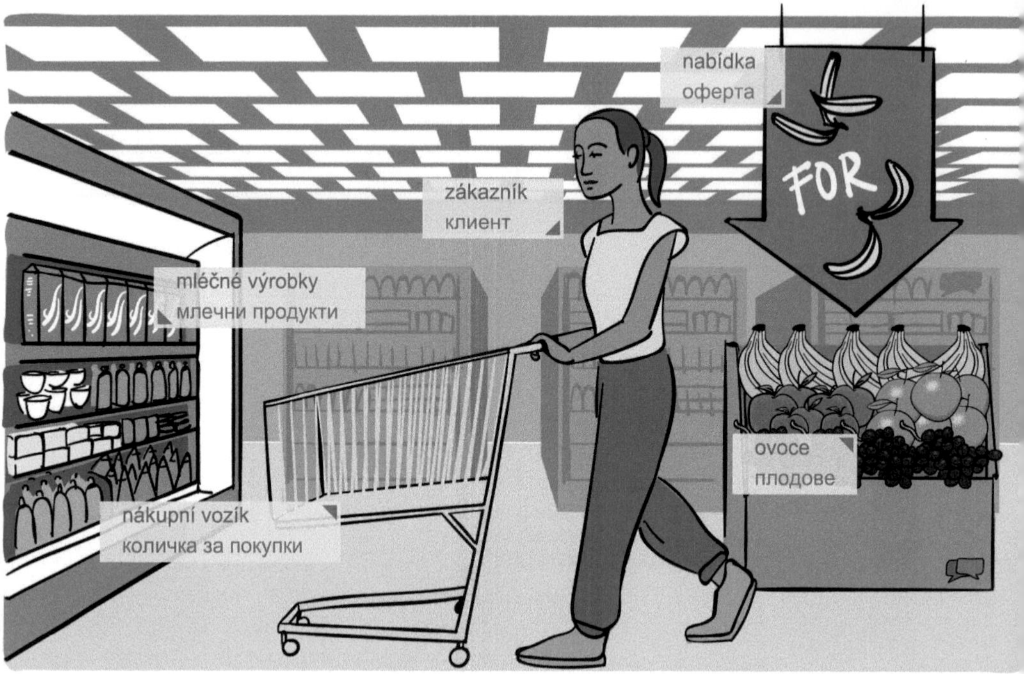

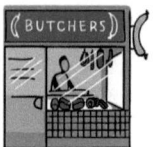

BUTCHERS

masna
кланица

BAKERY

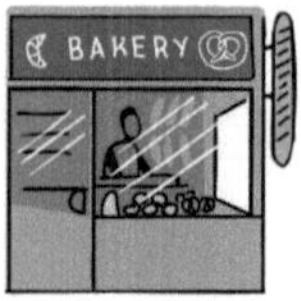

pekařství
хлебарница

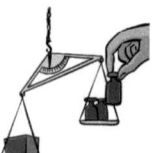

vážit
тегля

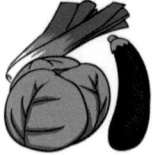

zelenina
зеленчуци

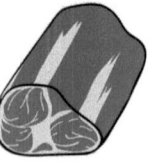

maso
месо

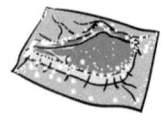

mražené potraviny
дълбоко замразена храна

obložený talíř

нарязан колбас или сирене

konzervy

консерви

prací prášek

перилен препарат

cukrovinky

лакомства

výrobky pro domácnost

домакински изделия

čisticí prostředek

почистващи препарати

prodavačka

продавачка

pokladna

каса

pokladní

касиер

nákupní seznam

списък на покупките

otevírací doba

работно време

peněženka

портфейл

kreditní karta

кредитна карта

taška

чанта

igelitová taška

пластмасова торба

voda

вода

džus

сок

mléko

мляко

kola

кола

víno

вино

pivo

бира

alkohol

алкохол

kakao

какао

čaj

чай

káva

кафе машина

espresso

еспресо

kapučíno

капучино

banán

банан

jablko

ябълка

pomeranč

портокал

meloun

пъпеш

citrón

лимон

mrkev

морков

česnek

чесън

bambus

бамбук

cibule

лук

houba

гъба

ořechy

ядки

těstoviny

макарони

špageti

спагети

rýže

ориз

salát

салата

hranolky

пържени картофи

americké brambory

печени картофи

pizza

пица

hamburger

хамбургер

sendvič

сандвич

řízek

шницел

šunka

шунка

salám

траен колбас

salám

салам

kuře

пиле

pečeně

печено

ryby

риба

ovesné vločky

овесени ядки

müsli

мюсли

vločky

корнфлейкс

mouka

брашно

croissant

кроасан

houska

хлебчета

chléb

хляб

toast

препечена филийка

sušenky

бисквити

máslo

масло

tvaroh

извара

buchta

сладкиш

vejce

яйце

volské oko

яйца на очи

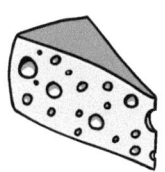

sýr

сирене

zmrzlina

сладолед

cukr

захар

med

мед

marmeláda

мармалад

nugátový krém

нуга крем

kari

к␃ри

usedlost

селски двор

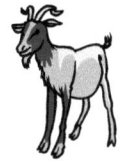

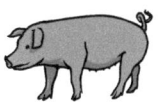

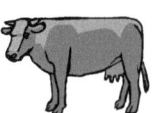

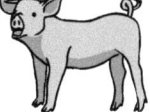

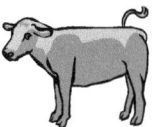

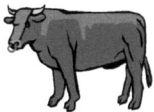

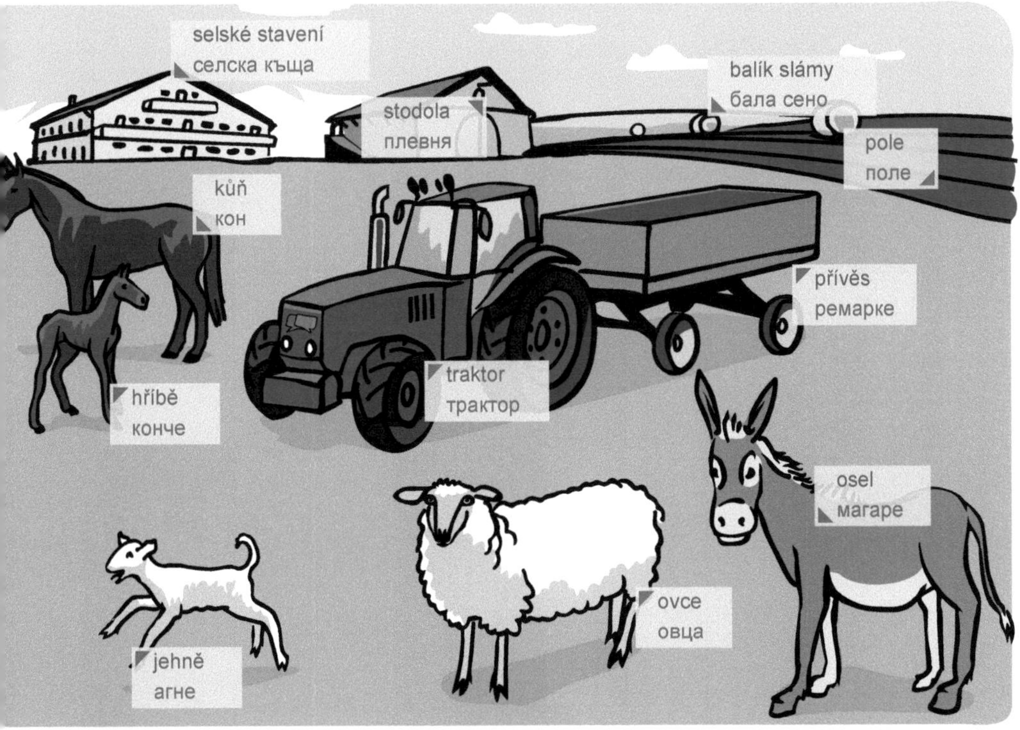

selské stavení
селска къща
stodola
плевня
balík slámy
бала сено
pole
поле
kůň
кон
přívěs
ремарке
traktor
трактор
hříbě
конче
osel
магаре
ovce
овца
jehně
агне

koza

коза

kráva

крава

tele

теле

prase

свиня

sele

прасенце

býk

бик

husa

гъска

kachna

патица

kuře

пиленце

slepice

кокошка

kohout

петел

krysa

плъх

kočka

котка

myš

мишка

vůl

вол

pes

куче

psí bouda

кучешка колиба

zahradní hadice

градински маркуч

kropicí konev

лейка

kosa

коса

pluh

плуг

srp
сърп

motyka
мотика

vidle
вила за тор

sekera
брадва

kolecko
ръчна количка

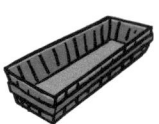

koryto
корито

konev na mléko
съд за мляко

pytel
чувал

plot
ограда

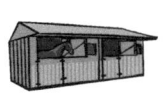

stáj
обор

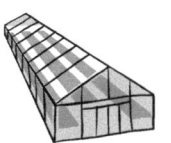

skleník
парник

půda
земя

osivo
сеитба

hnojivo
тор

kombajn
комбайн

sklidit

жъна

sklizeň

реколта

smldinec

ямс

pšenice

жито

sója

соя

brambora

картоф

kukuřice

царевица

řepka

рапица

ovocný strom

овощно дърво

maniok

маниока

obilí

зърнени храни

dům

къща

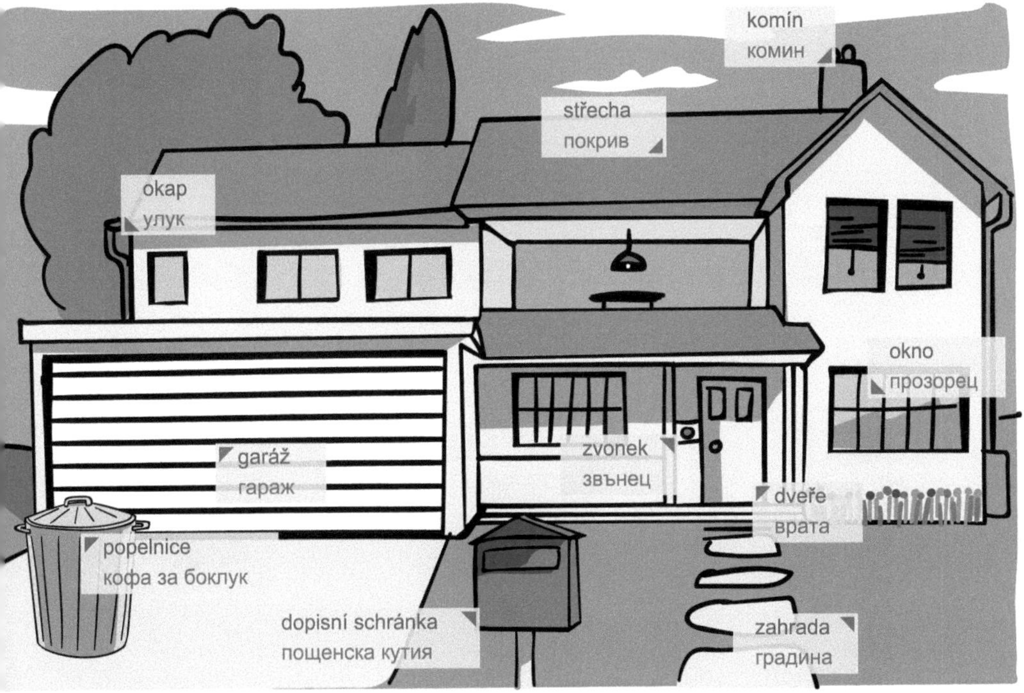
komín
комин
střecha
покрив
okap
улук
okno
прозорец
zvonek
звънец
garáž
гараж
dveře
врата
popelnice
кофа за боклук
dopisní schránka
пощенска кутия
zahrada
градина

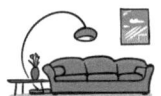

obývací pokoj

всекидневна

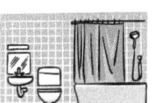

koupelna

баня

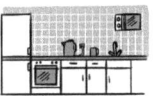

kuchyně

кухня

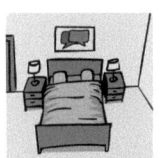

ložnice

спалня

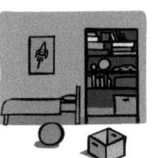

dětský pokoj

детска стая

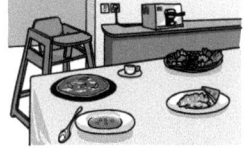

jídelna

трапезария

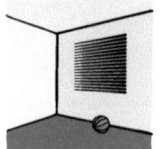

podlaha

под

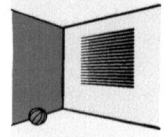

zeď

стена

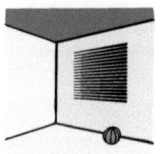

deka

таван

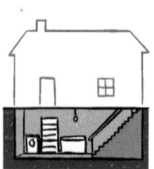

sklep

изба

sauna

сауна

balkón

балкон

terasa

тераса

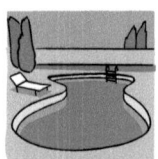

bazén

плувен басейн

sekačka na trávu

косачка

ložní prádlo

спално бельо

lůžková přikrývka

покривка за легло

postel

легло

smeták

метла

kýbl

кофа

vypínač

електрически ключ

obývací pokoj

всекидневна

tapeta
тапет
obrázek
картина
žárovka
лампа
police
рафт
skříň
шкаф
televizor
телевизор
komín
камина
květina
цвете
polštář
възглавница
gauč
канапе
váza
ваза
dálkový ovladač
дистанционно управление

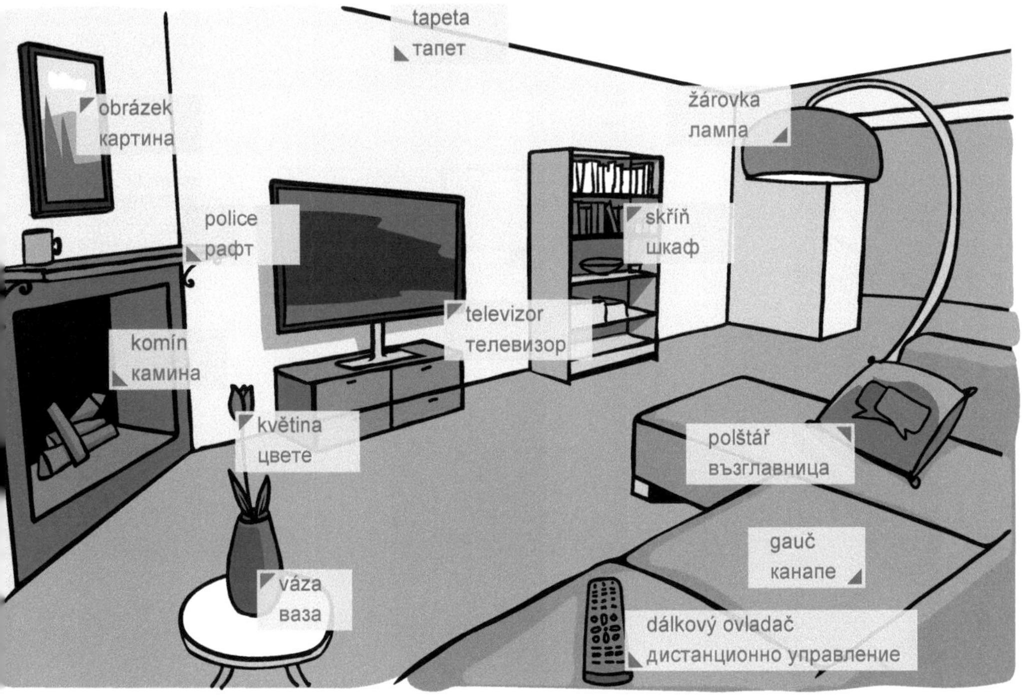

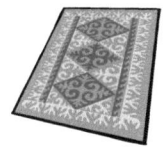

koberec
килим

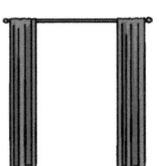

závěs
завеса

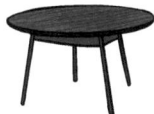

stůl
маса

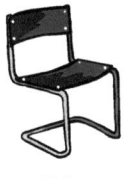

židle
стол

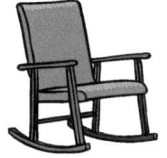

houpací křeslo
люлеещ се стол

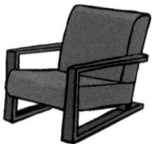

křeslo
кресло

kniha

книга

strop

одеяло

ozdoba

декорация

palivové dříví

дърва за отопление

film

филм

stereo souprava

стерео уредба

klíč

ключ

noviny

вестник

malba

живопис

plakát

постер

rádio

радио

poznámkový blok

бележник

vysavač

прахосмукачка

kaktus

кактус

svíce

свещ

kuchyně
кухня

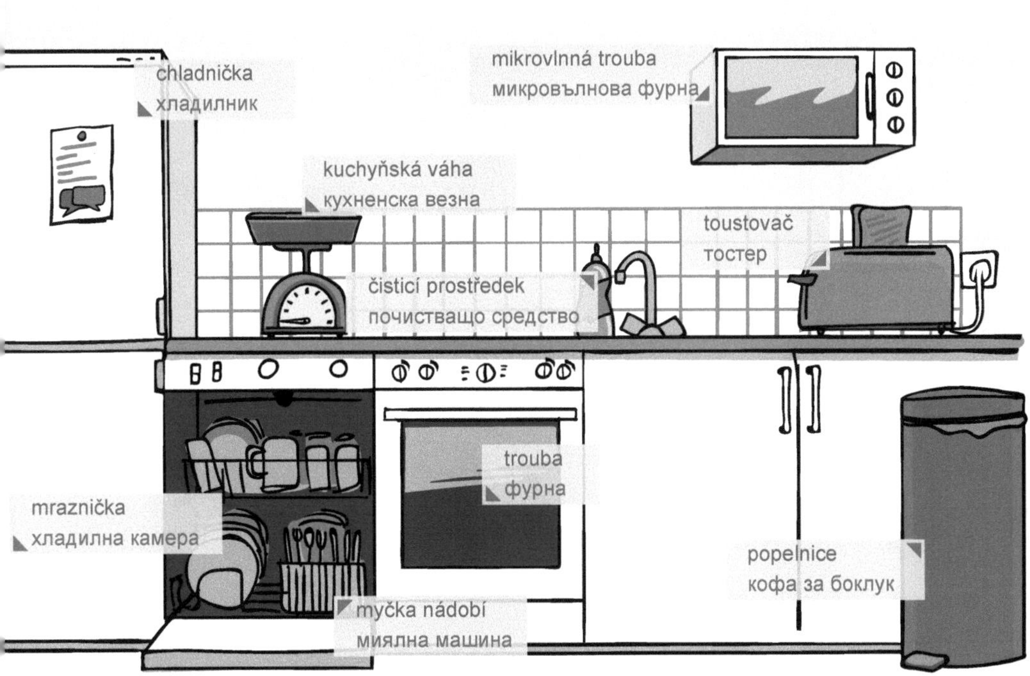

chladnička
хладилник
mikrovlnná trouba
микровълнова фурна
kuchyňská váha
кухненска везна
toustovač
тостер
čisticí prostředek
почистващо средство
trouba
фурна
mraznička
хладилна камера
popelnice
кофа за боклук
myčka nádobí
миялна машина

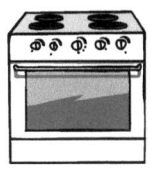

sporák

готварска печка

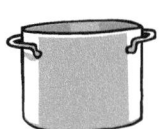

hrnec

тенджера

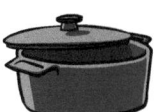

litinový hrnec

желязна тенджера

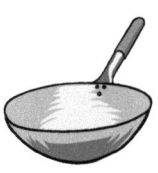

wok / kadai

уок / кадаи

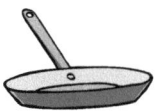

pánev

тиган

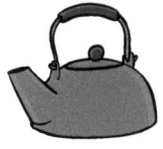

varná konvice

кана за затопляне на вода

parní hrnec

уред за готвене на пара

plech na pečení

тава за печене

nádobí

съдове

hrnek

чаша

miska

купа

jídelní hůlky

клечки за хранене

naběračka

черпак

obracečka

лопатка за тиган

metla

тел за разбиване (на яйца, белтъци)

síto

кошница за варене

cedník

гевгир

struhadlo

ренде

hmoždíř

хаван

gril

барбекю

ohniště

огнище

prkénko na krájení

дъска

váleček na těsto

точилка

vývrtka

тирбушон

dóza

кутия

otvírák na konzervy

отварачка за консерви

chňapka

кухненска ръкохватка

umyvadlo

мивка

kartáč na nádobí

четка

houba

гъба

mixér

миксер

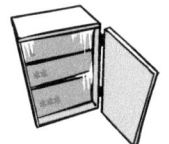

mrazák

фризер

dětská lahev

бебешко шише

kohoutek

воден кран

kuchyně - кухня

koupelna

баня

topení
отопление
sprcha
душ
ručník
хавлиена кърпа
sprchový závěs
завеса за баня
pěnová koupel
шампоан за вана
vana
вана
sklenička
стъклена чаша
pračka
перална машина
kohoutek
воден кран
obkladačky
плочки
nočník
гърне
umyvadlo
мивка

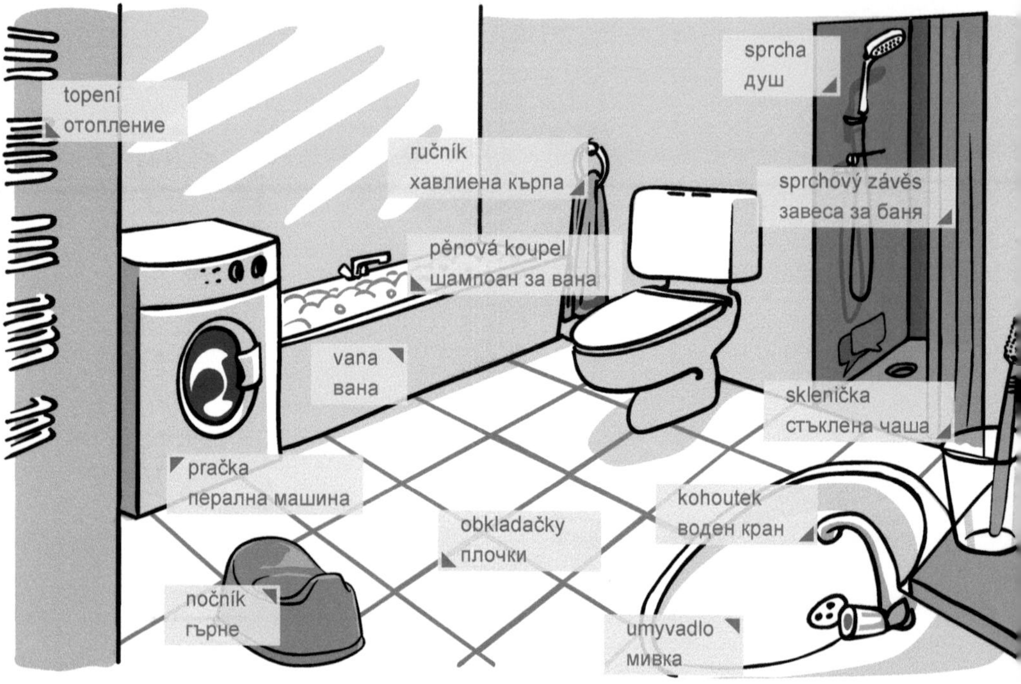

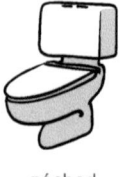

záchod

тоалетна

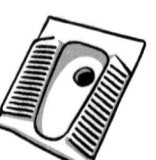

turecký záchod

клекало

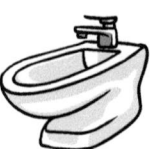

bidet

биде

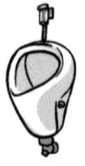

pisoár

писоар

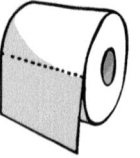

toaletní papír

тоалетна хартия

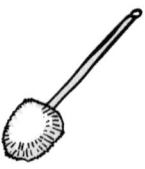

záchodová štětka

четка за тоалетна

zubní kartáček

четка за зъби

zubní pasta

паста за зъби

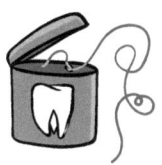

zubní niť

конец за зъби

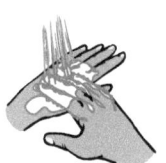

mýt

мия

ruční sprcha

ръчен душ

intimní sprcha

интимен душ

umyvadlo

леген

kartáč na záda

четка за гръб

mýdlo

сапун

sprchový gel

душ гел

šampón

шампоан за вана

žínka

гъба за баня

odpad

сифон

krém

крем

deodorant

дезодорант

zrcadlo
огледало

kosmetické zrcátko
козметично огледало

holicí strojek
ръчна самобръсначка

pěna na holení
пяна за бръснене

voda po holení
одеколон за след
бръснене

hřeben
гребен

kartáč
четка

fén
сешоар

lak na vlasy
спрей за коса

makeup
грим

rtěnka
червило

lak na nehty
лак за нокти

vata
памук

nůžky na nehty
ножица за нокти

parfém
парфюм

aška s toaletními potřebami

....

тоалетна чантичка

stolička

....

табуретка

váha

....

везна

župan

....

хавлия

gumové rukavice

....

домакински ръкавици

tampón

....

тампон

dámská vložka

....

дамски превръзки

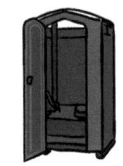

chemická toaleta

....

химическа тоалетна

dětský pokoj

детска стая

budík
будилник
plyšová hračka
плюшена играчка
autíčko
автомобил играчка
chrastítko
дрънкалка
domeček pro panenky
къща за кукли
dárek
подарък

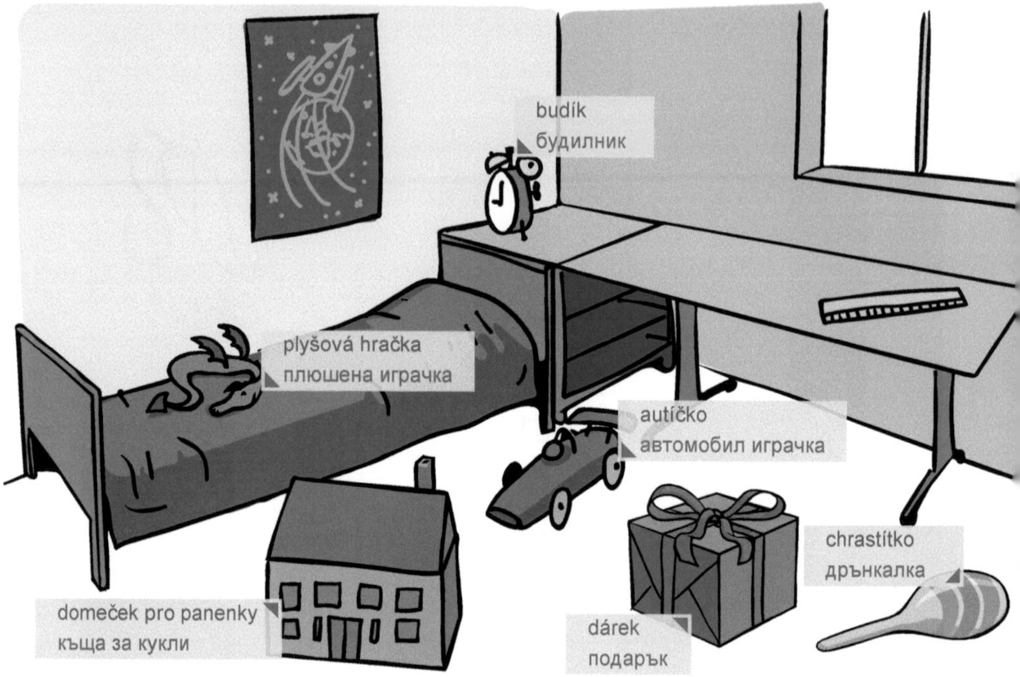

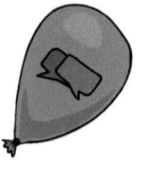

balón
балон

postel
легло

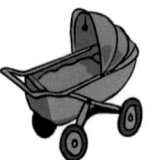

kočárek
детска количка

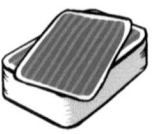

balíček karet
игра на карти

puzzle
пъзел

SUPER
MEGA

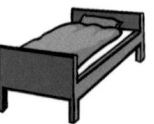

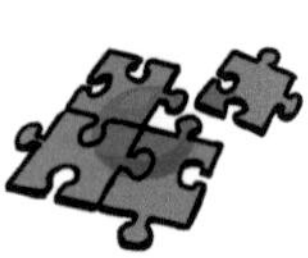

komiks
комикс

lego kostky

лего елементи

stavebnice

строителни елементи

akční figurka

екшън фигурка

dupačky

бебешки гащеризон

frisbee

фрисби

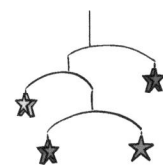

závěsné hračky nad postýlku

бебешки играчки за легло

desková hra

настолна игра

kostky

зарче

modelová železnice

миниатюрно влакче

dudlík

биберон

oslava

парти

obrázková kniha

детска книга с илюстрации

míč

топка

panenka

кукла

hrát si

играя

pískoviště
пясъчник

houpačka
люлка

hračky
играчка

hrací konzole
игрова конзола

tříkolka
велосипед с три колелета

medvídek
плюшено мече

šatník
гардероб

oblečení

облекло

ponožky
къси чорапи

punčochy
дълги чорапи

punčochové kalhoty
чорапогащник

šála
шал

deštník
чадър

tričko
Т-шърт

pásek
колан

kozačky
ботуши

domácí obuv
пантофи

tenisky
гуменки

sandály
....
сандали

obuv
....
обувки

holínky
....
гумени ботуши

spodní prádlo
....
слип

podprsenka
....
сутиен

nátělník
....
долна блуза

body

боди

kalhoty

панталон

džíny

дънки

sukně

пола

blůza

блуза

košile

риза

svetr

пуловер

mikina

суичър

blejzr

блейзър

bunda

яке

kabát

палто

pláštěnka

дъждобран

kostým

костюм

šaty

рокля

svatební šaty

булчинска рокля

oblek

костюм

noční košile

нощница

pyžamo

пижама

sárí

сари

šátek na hlavu

кърпа за глава

turban

тюрбан

burka

бурка

kaftan

кафтан

abája

абая

plavky

бански костюм

pánské plavky

плувни шорти

kraťasy

къс панталон

tepláková souprava

анцуг

zástěra

престилка

rukavice

ръкавици

oblečení - облекло

knoflík

копче

brýle

очила

náramek

гривна

náhrdelník

верижка

prsten

пръстен

náušnice

обеца

čepice

каскет

ramínko

закачалка

klobouk

шапка

kravata

вратовръзка

zip

цип

helma

каска

kšandy

тиранти

školní uniforma

ученическа униформа

uniforma

униформа

bryndák

лигавник

dudlík

биберон

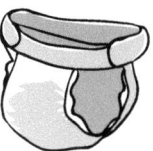

plena

пелена

kancelář
офис

server
сървър

kartotéka
шкаф за документи

tiskárna
принтер

papír
хартия

monitor
монитор

psací stůl
бюро

myš
мишка

šanon
папка

klávesnice
клавиатура

odpadkový koš na papír
кошче за хартиени отпадъци

počítač
компютър

židle
стол

hrnek na kávu

чаша за кафе

kalkulačka

джобен калкулатор

internet

интернет

notebook

лаптоп

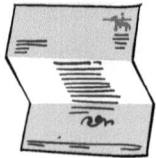

dopis

писмо

zpráva

съобщение

mobil

мобилен телефон

síť

мрежа

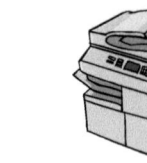

kopírka

ксерокс

software

софтуер

telefon

телефон

zásuvka

контакт

fax

факс

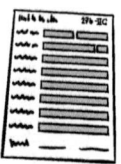

formulář

формуляр

dokument

документ

nakupovat

купувам

zaplatit

плащам

jednat

търгувам

peníze

пари

dolar

долар

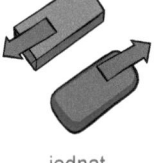

euro

евро

jen

йена

rubl

рубла

frank

швейцарски франк

juan

ренминби юан

rupie

рупия

bankomat

банкомат

směnárna

обменно бюро

zlato

злато

stříbro

сребро

olej

нефт

energie

енергия

cena

цена

smlouva

договор

daň

данък

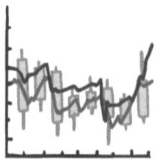

akcie

акция

pracovat

работя

zaměstnanec

служител

zaměstnavatel

работодател

továrna

фабрика

obchod

магазин за цветя

povolání
професии

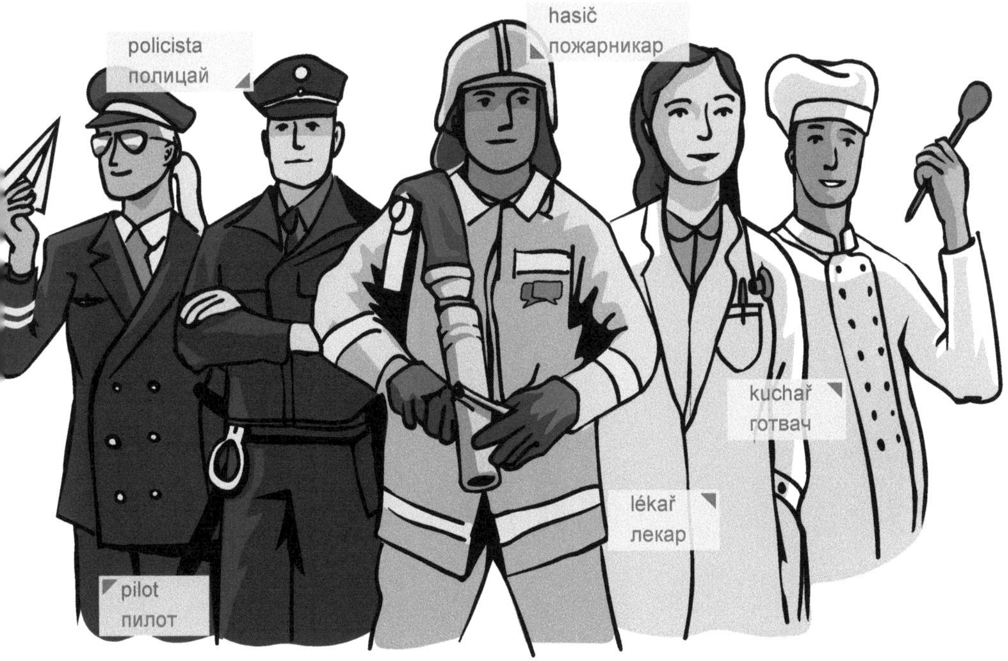

policista
полицай
hasič
пожарникар
kuchař
готвач
lékař
лекар
pilot
пилот

zahradník

градинар

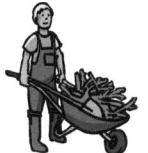

truhlář

мебелист

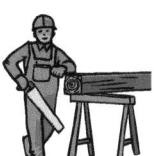

švadlena

шивачка

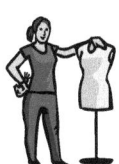

soudce

съдия

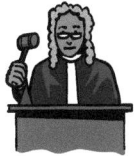

chemik

химик

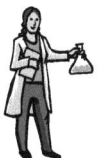

herec

артист

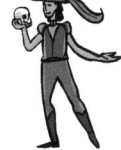

řidič autobusu

шофьор на автобус

řidič taxi

шофьор на такси

rybář

рибар

uklízečka

чистачка

pokrývač

майстор на покриви

číšník

келнер

myslivec

ловец

malíř

художник

pekař

хлебар

elektrikář

електротехник

stavební dělník

строителен работник

inženýr

инженер

řezník

касапин

klempíř

тенекеджия

listonoš

пощальон

voják
войник

architekt
архитект

pokladní
касиер

florista
цветар

kadeřník
фризьор

průvodčí
кондуктор

mechanik
механик

kapitán
капитан

zubař
зъболекар

vědec
научен работник

rabín
равин

imám
имàм

mnich
монах

duchovní
свещеник

nářadí

инструменти

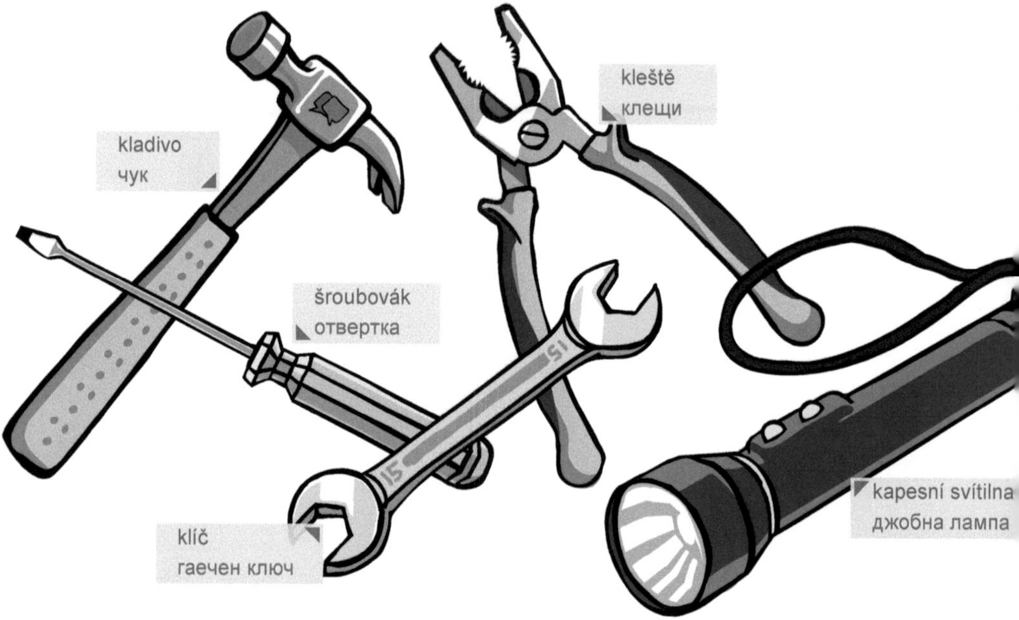
kleště
клещи
kladivo
чук
šroubovák
отвертка
kapesní svítilna
джобна лампа
klíč
гаечен ключ

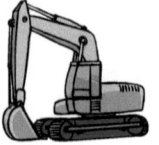

bagr

багер

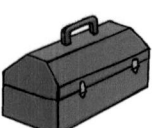

skříň na nářadí

кутия за инструменти

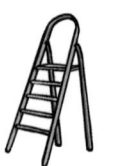

žebřík

стълба

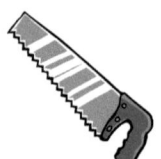

pila

трион

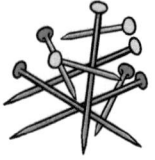

hřebíky

пирони

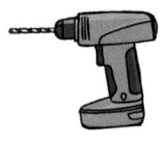

vrtačka

бормашина

opravit

ремонтирам

lopata

лопата

Kurva!

По дяволите!

lopatka

лопатка за смет

vĕdroé na barvu

кутия за боя

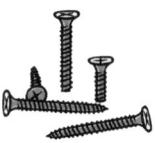

šrouby

болтове

hudební nástroje
музикални инструменти

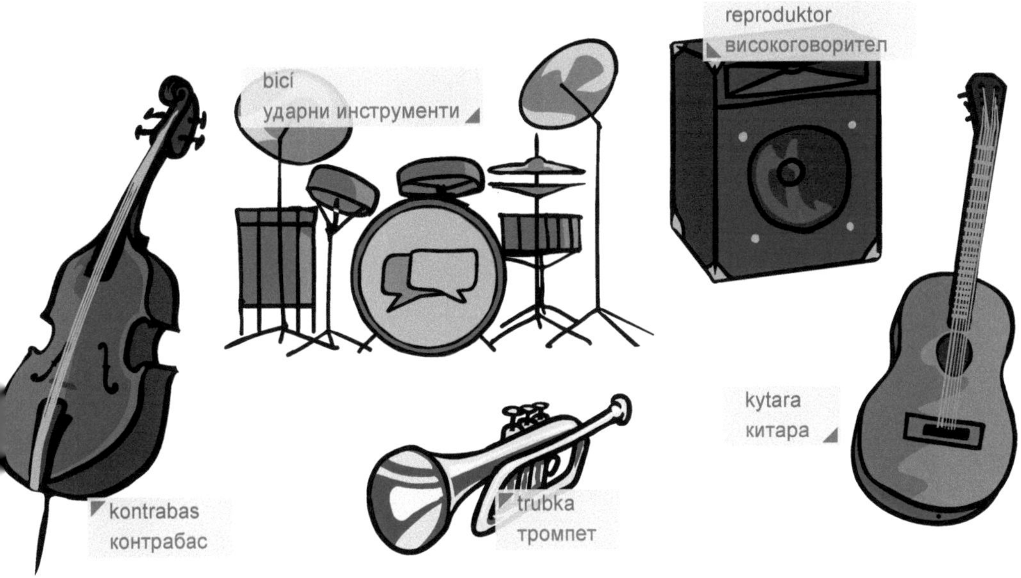

bicí
ударни инструменти

reproduktor
високоговорител

kontrabas
контрабас

trubka
тромпет

kytara
китара

klavír

пиано

housle

виолина

basa

контрабас

tympán

тимпан

bubny

барабан

keyboard

електрическо пиано

saxofon

саксофон

flétna

флейта

mikrofon

микрофон

tygr
тигър

klec
бръмбар

vstup
вход

zebra
зебра

krmivo pro zvířata
храна за животни

panda
панда

zvířata

животни

slon

слон

klokan

кенгуру

nosorožec

носорог

gorila

горила

medvěd

мечка

velbloud

камила

pštros

щраус

lev

лъв

opice

маймуна

plameňák

фламинго

papoušek

папагал

lední medvěd

бяла мечка

tučňák

пингвин

žralok

акула

páv

паун

had

змия

krokodýl

крокодил

ošetřovatel zvířat

пазач в зоологическа
градина

tuleň

тюлен

jaguár

ягуар

poník

пони

leopard

леопард

hroch

хипопотам

žirafa

жираф

orel

орел

divoké prase

диво прасе

ryby

риба

želva

костенурка

mrož

морж

liška

лисица

gazela

газела

zoo - зоологическа градина

americký fotbal
американски футбол

cyklistika
колоездене

tenis
тенис

košíková
баскетбол

plavání
плуване

box
бокс

lední hokej
хокей на лед

kopaná
....
футбол

badminton
....
бадминтон

lehká atletika
....
лека атлетика

házená
....
хандбал

běh na lyžích
....
ски бягане

vodní pólo
....
поло

aktivity
дейности

smát se
смея се
skočit
скачам
objímat
прегръщам
jít
вървя
zpívat
пея
snít
сънувам
modlit se
моля се
políbit
целувам

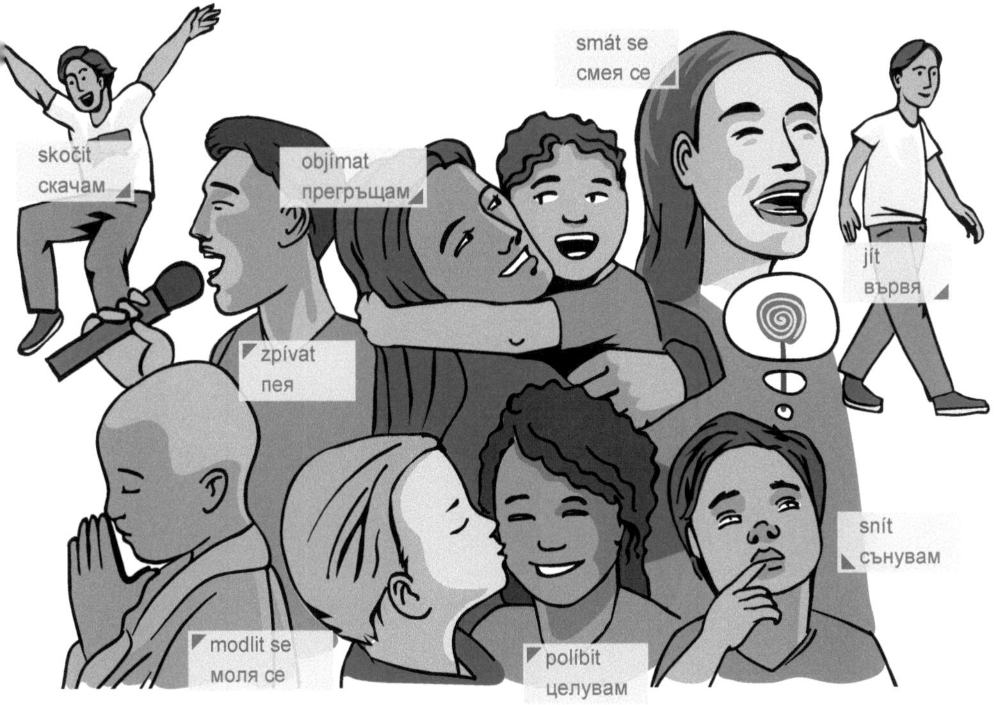

psát

пиша

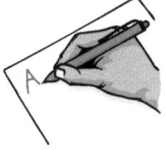

kreslit

рисувам

ukazovat

показвам

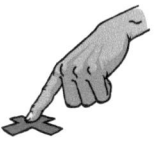

tlačit

бутам

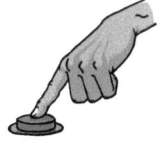

dát

давам

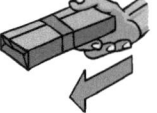

vzít si

взимам

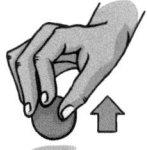

mít

имам

dělat

правя

být

съм

stát

стоя

běhat

тичам

táhnout

дърпам

hodit

хвърлям

padat

падам

ležet

лежа

čekat

чакам

nosit

нося

sedět

седя

oblékat

обличам

spát

спя

vzbudit se

събуждам се

prohlédnout si

разглеждам

plakat

плача

pohladit

милвам

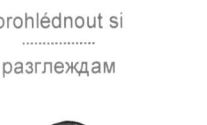

česat

реша се

hovořit

говоря

rozumět

разбирам

ptát se

питам

slyšet

слушам

pít

пия

jíst

ям

uklidit

разтребвам

milovat

обичам

vařit

готвя

jet

карам автомобил

letět

летя

plachtit

плавам (с платна)

počítat

смятане

číst

чета

učit se

уча

pracovat

работя

vzít si

женя се

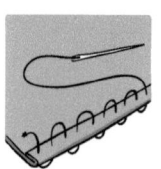

šít

шия

čistit si zuby

измивам си зъбите

zabít

убивам

kouřit

пуша

poslat

изпращам

rodina

семейство

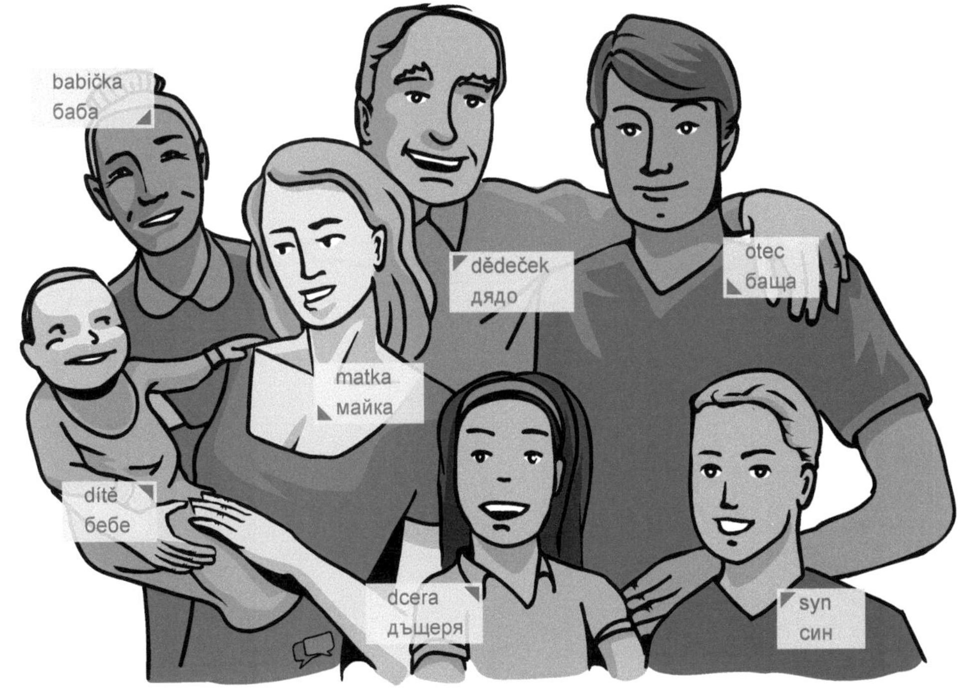
babička
баба
dědeček
дядо
otec
баща
matka
майка
dítě
бебе
dcera
дъщеря
syn
син

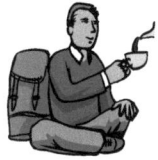

host

посетител

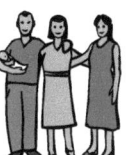

teta

леля

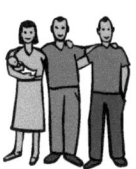

strýc

чичо

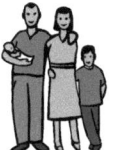

bratr

брат

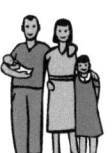

sestra

сестра

tělo

тяло

čelo
чело
oko
око
rameno
рамо
prst
пръст
obličej
лице
brada
брадичка
ruka
ръка
dolní končetina
крак
hruď
гърди
paže
ръка

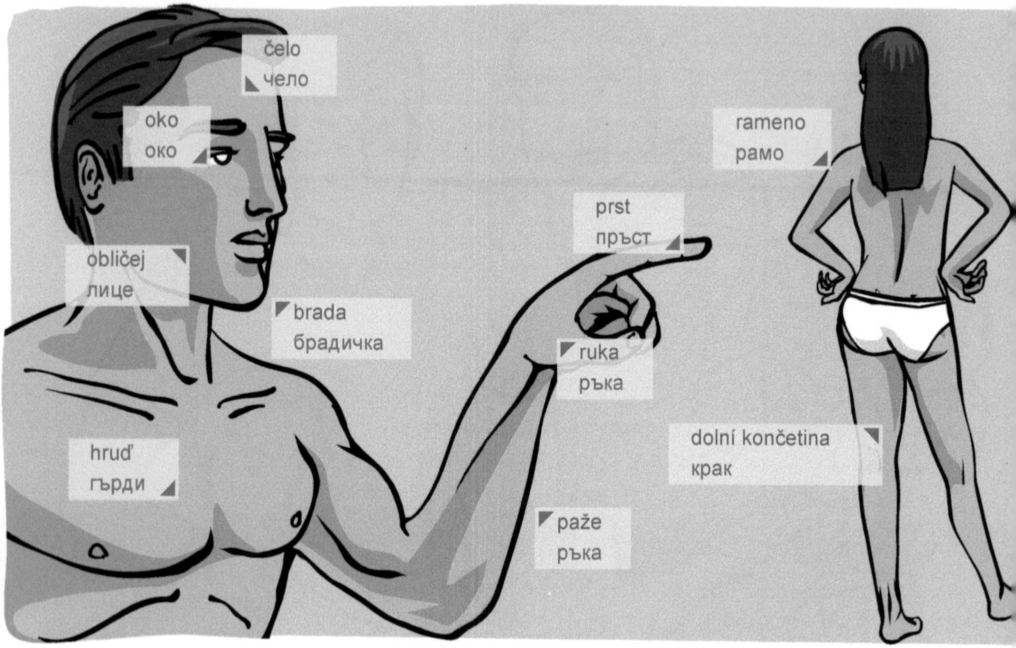

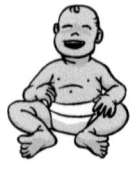

dítě

бебе

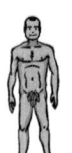

muž

мъж

žena

жена

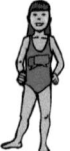

dívka

момиче

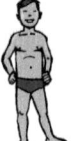

chlapec

момче

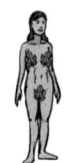

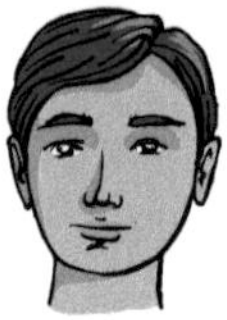

hlava

глава

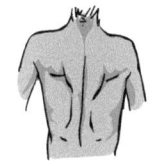

záda

гръб

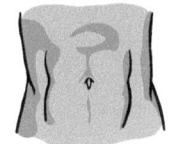

břicho

корем

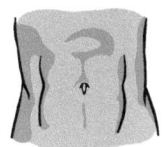

pupík

пъп

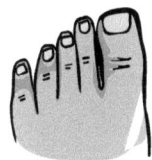

prst na noze

пръст на крака

pata

пета

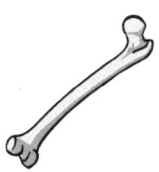

kost

кост

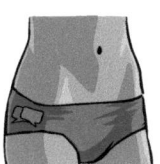

bok

хълбок

koleno

коляно

loket

лакът

nos

нос

zadek

седалище

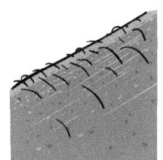

kůže

кожа

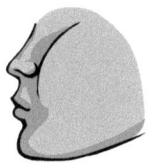

tvář

буза

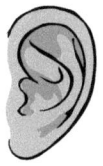

ucho

ухо

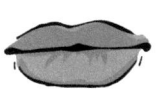

ret

устна

ústa

уста

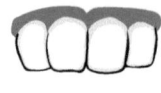

zub

зъб

jazyk

език

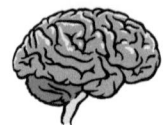

mozek

мозък

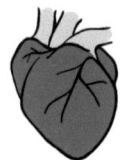

srdce

сърце

sval

мускул

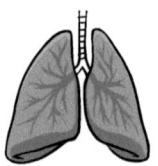

plíce

бял дроб

játra

черен дроб

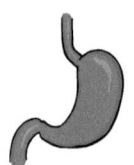

žaludek

стомах

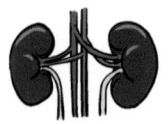

ledviny

бъбреци

pohlavní styk

полово сношение

kondom

кондом

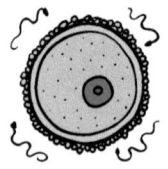

vajíčko

яйцеклетка

sperma

сперма

těhotenství

бременност

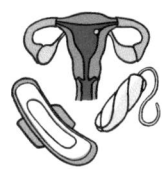

menstruace
....
менструация

vagina
....
вагина

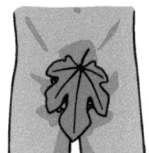

penis
....
пенис

obočí
....
вежда

vlasy
....
коса

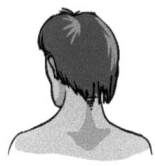

krk
....
шия

tělo - тяло

71

nemocnice
болница

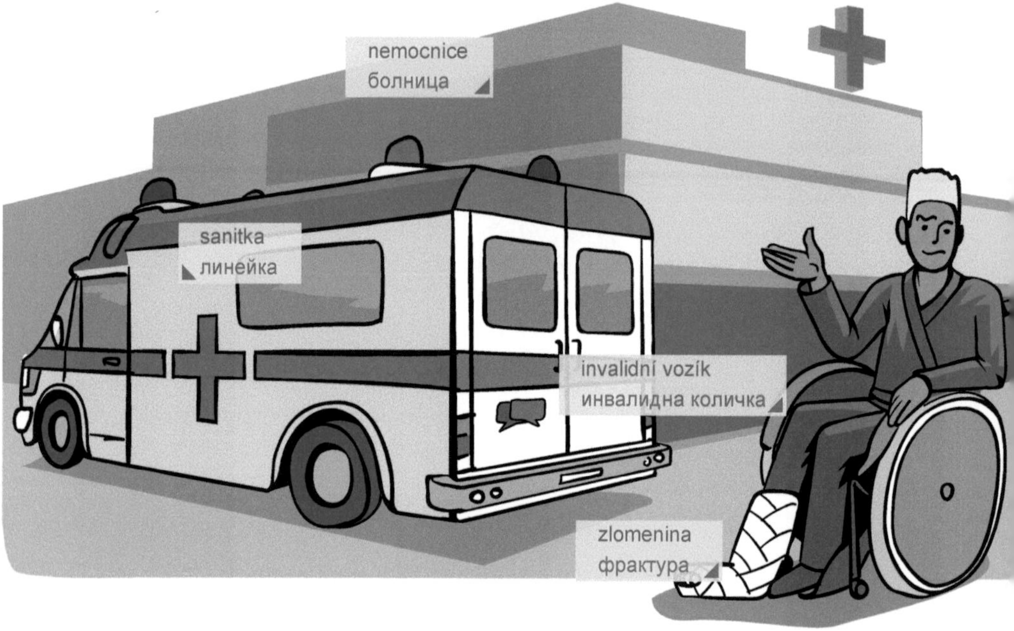

nemocnice
болница
sanitka
линейка
invalidní vozík
инвалидна количка
zlomenina
фрактура

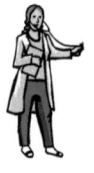

lékař

лекар

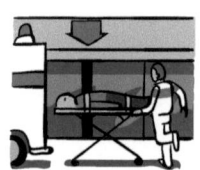

pohotovost

спешна хоспитализация

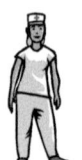

zdravotní sestra

медицинска сестра

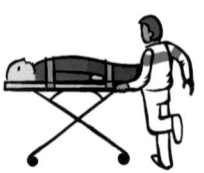

urgentní případ

спешен случай

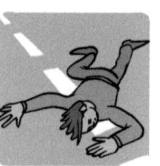

v bezvědomí

в безсъзнание

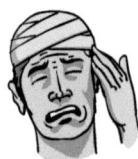

bolest

болка

úraz

нараняване

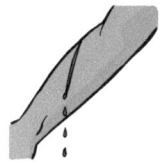

krvácení

кървене

infarkt myokardu

инфаркт

cévní mozková příhoda

инсулт

alergie

алергия

kašel

кашлица

horečka

температура

chřipka

грип

průjem

диария

bolest hlavy

главоболие

rakovina

рак

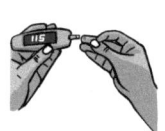

cukrovka

диабет

chirurg

хирург

skalpel

скалпел

operace

операция

CT
компютърна томография

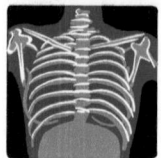

rentgen
рентген

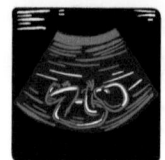

ultrazvuk
ултразвук

maska
маска

nemoc
болест

čekárna
чакалня

berle
патерица

náplast
пластир

obvaz
превръзка

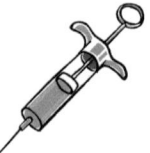

injekce
инжекция

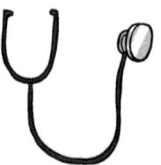

stetoskop
стетоскоп

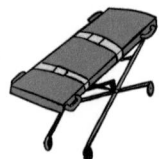

nosítka
носилка

teploměr
термометър

porod
раждане

nadváha
наднормено тегло

naslouchátko

слухов апарат

dezinfekční prostředek

дезинфекционно средство

infekce

инфекция

virus

вирус

HIV / AIDS

HIV / AIDS

lékařství

медицина

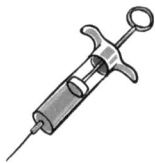

očkování

ваксинация

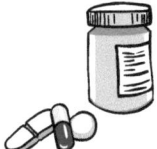

tablety

таблети

pilulka

противозачатъчна таблетка

tísňové volání

спешно телефонно обаждане

tonometr

апарат за измерване на кръвното налягане

nemocný / zdravý

болен / здрав

Pomoc!

Помощ!

poplach

сигнал за тревога

přepadení

нападение

napadení

атака

nebezpečí

опасност

nouzový východ

авариен изход

Hoří!

Пожар!

hasicí přístroj

пожарогасител

nehoda

злополука

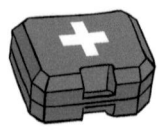

zdravotnická brašna

комплект за оказване на
първа помощ

SOS

SOS

policie

полиция

Evropa

Европа

Severní Amerika

Северна Америка

Jižní Amerika

Южна Америка

Afrika

Африка

Asie

Азия

Austrálie

Австралия

Atlantik

Атлантически океан

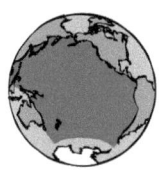

Pacifik

Тихи океан

Indický oceán

Индийски океан

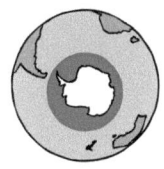

Jižní ledový oceán

Южен ледовит океан

Severní ledový oceán

Северен ледовит океан

severní pól

Северен полюс

jižní pól

Южен полюс

Antarktida

Антарктида

země

Земя

pevnina

суша

moře

море

ostrov

остров

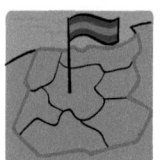

národ

нация

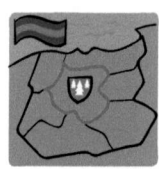

stát

държава

ciferník

циферблат

hodinová ručička

стрелка на часовете

minutová ručička

стрелка на минутите

vteřinová ručička

стрелка на секундите

Kolik je hodin?

Колко е часът?

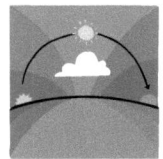

den

ден

čas

време

teď

сега

digitální hodinky

дигитален часовник

minuta

минута

hodina

час

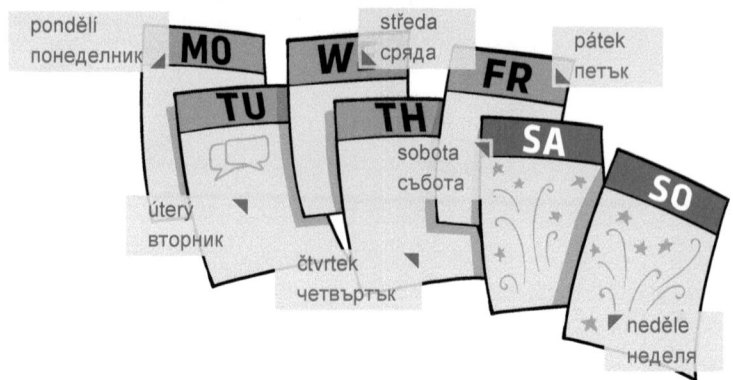

včera

вчера

dnes

днес

zítra

утре

ráno

сутрин

poledne

обед

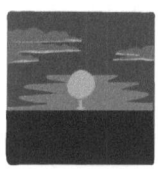

večer

вечер

MO	TU	WE	TH	FR	SA	SU
1	2	3	4	5	6	7
8	9	10	11	12	13	14
15	16	17	18	19	20	21
22	23	24	25	26	27	28
29	30	31	1	2	3	4

pracovní dny

работни дни

MO	TU	WE	TH	FR	SA	SU
1	2	3	4	5	6	7
8	9	10	11	12	13	14
15	16	17	18	19	20	21
22	23	24	25	26	27	28
29	30	31	1	2	3	4

víkend

уикенд

rok

година

déšť
дъжд
duha
дъга
vítr
вятър
sníh
сняг
jaro
пролет
léto
лято
podzim
есен
zima
зима

4.APRIL 11°
5.APRIL 4°
6.APRIL 13°
7.APRIL 8°
8.APRIL 10°

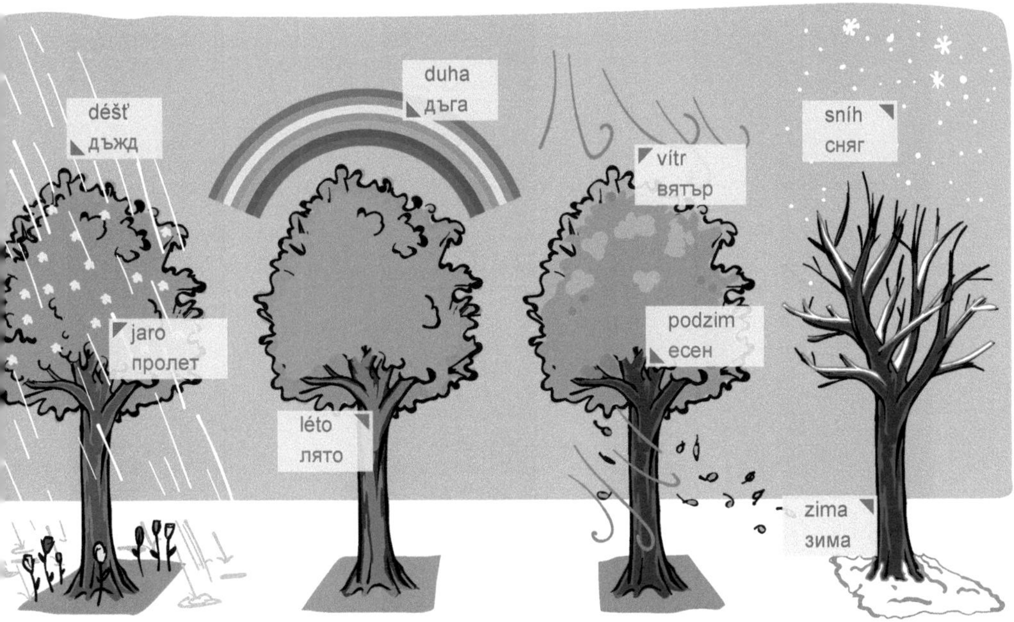

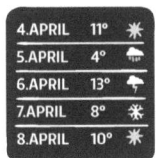

předpověď počasí

....

прогноза за времето

F
C
120
90
60
30
0
-30
40
30
20
10
0
-10
-20

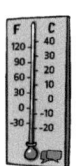

teploměr

....

термометър

sluneční svit

....

слънчева светлина

mrak

....

облак

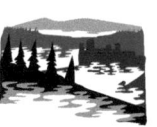

mlha

....

мъгла

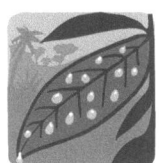

vlhkost

....

влажност на въздуха

blesk

светкавица

hrom

гръмотевица

bouřka

буря

kroupy

градушка

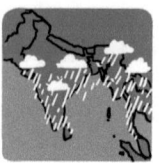

monzun

мусон

povodeň

наводнение

led

лед

leden

януари

únor

февруари

březen

март

duben

април

květen

май

červen

юни

červenec

юли

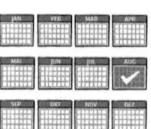

srpen

август

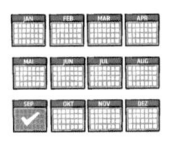

září
....
септември

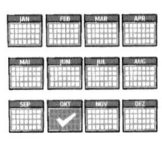

říjen
....
октомври

listopad
....
ноември

prosinec
....
декември

tvary

форми

kruh
....
кръг

čtverec
....
квадрат

obdélník
....
четириъгълник

trojúhelník
....
триъгълник

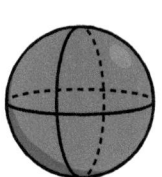

koule
....
сфера

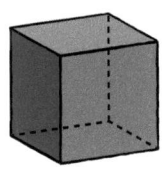

krychle
....
куб

bílá
....
бял

žlutá
....
жълт

oranžová
....
оранжев

růžová
....
розов

červená
....
червен

fialová
....
лилав

modrá
....
син

zelená
....
зелен

hnědá
....
кафяв

šedá
....
сив

černá
....
черен

hodně / málo
много / малко

rozzuřený / mírumilovný
ядосан / спокоен

krásný / ošklivý
красив / грозен

začátek / konec
начало / край

velký / malý
голям / малък

světlý / tmavý
светъл / тъмен

bratr / sestra
брат / сестра

čistý / špinavý
чист / мръсен

úplný / neúplný
пълен / непълен

den / noc
ден / нощ

mrtvý / živý
мъртъв / жив

široký / úzký
широк / тесен

jedlý / nejedlý

ядлив / неядлив

zlý / hodný

сърдит / любезен

vzrušený / znuděný

развълнуван / скучаещ

tlustý / hubený

дебел / тънък

nejdříve / naposledy

най-напред / най-накрая

přítel / nepřítel

приятел / враг

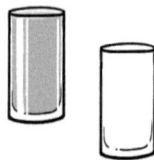

plný / prázdný

пълен / празен

tvrdý / měkký

твърд / мек

těžký / lehký

тежък / лек

hlad / žízeň

глад / жажда

nemocný / zdravý

болен / здрав

ilegální / legální

нелегален / легален

inteligentní / hloupý

интелигентен / глупав

vlevo / vpravo

ляво / дясно

blízko / daleko

близо / далече

nový / použitý

нов / употребяван

nic / něco

нищо / нещо

starý / mladý

стар / млад

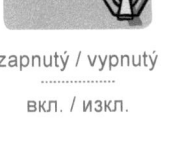

zapnutý / vypnutý

вкл. / изкл.

otevřeno / zavřeno

отворен / затворен

tichý / hlasitý

тих / силен (звук)

bohatý / chudý

богат / беден

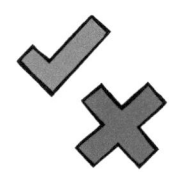

správný / špatný

правилен / погрешен

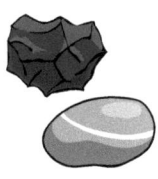

drsný / hladký

грапав / гладък

smutný / šťastný

тъжен / щастлив

krátký / dlouhý

дълъг / къс

pomalý / rychlý

бавен / бърз

vlhký / suchý

мокър / сух

teplý / chladný

топъл / студен

válka / mír

война / мир

0	**1**	**2**
nula	jedna	dva
нула	едно	две

3	**4**	**5**
tři	čtyři	pět
три	четири	пет

6	**7**	**8**
šest	sedm	osm
шест	седем	осем

9	**10**	**11**
devět	deset	jedenáct
девет	десет	единадесет

12

dvanáct

дванадесет

13

třináct

тринадесет

14

čtrnáct

четиринадесет

15

patnáct

петнадесет

16

šestnáct

шестнадесет

17

sedmnáct

седемнадесет

18

osmnáct

осемнадесет

19

devatenáct

деветнадесет

20

dvacet

двадесет

100

sto

сто

1.000

tisíc

хиляда

1.000.000

milion

милион

čísla - числа

angličtina

английски

americká angličtina

американски английски

standardní čínština

китайски мандарин

hindština

хинди

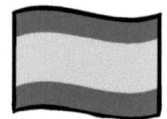

španělština

испански

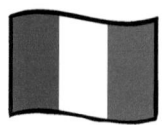

francouzština

френски

arabština

арабски

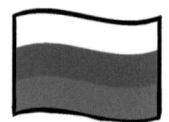

ruština

руски

portugalština

португалски

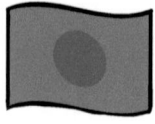

bengálština

бенгалски

němčina

немски

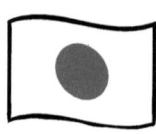

japonština

японски

já
аз

ty
ти

on / ona / ono
той / тя / то

my
ние

vy
вие

oni
те

Kdo?
кой?

Co?
какво?

Jak?
как?

Kde?
къде?

Kdy?
кога?

jméno
име

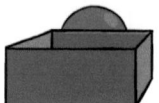

za
....
зад

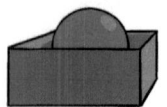

do
....
в

z
....
пред

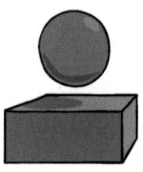

nad
....
над

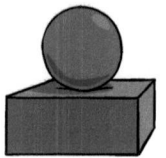

na
....
върху

mezi
....
под

vedle
....
до

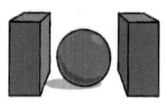

mezi
....
между

místo
....
място